VUELOS DE UN ÁGUILA

Laura Watts

VUELOS DE UN ÁGUILA

Laura Watts

Primera edición: mayo, 2025

Título original: Vuelos de un águila

07012 Palma (Mallorca)
www.rapitbook.com

ISBN: 978-84-10484-29-0

Autora: Laura Watts

Diseño de cubierta: Auba Mas

Edición: Andrés Cárdenas y Melissa Mir

Impresión y encuadernación: Fotocopistería Impresrapit, S. L.
www.impresrapit.com

Impreso en España - *Printed in Spain*

Agradecimiento infinito a todas las personas que están en mi vida; a las que estuvieron y a las que no están. Mil gracias.

Voló el ave blanco de su nido,
divagando por el negro mundo
y dio un poco de color
a un pedacito de odio.
El ángel acompaña su ruta,
ruta pesada, lógica...
La blanca paloma imaginó
que era primavera, caminando por
una arena revoltosamente húmeda,
subiendo por el mar
diagramando piruetas entre las enormes olas...
De repente, una eléctrica tormenta
la bajó furiosa.
alcanzó, sin sus alas, la orilla,
estallando su ser en mil pedazos,
aunque,
antes leyó su secreto,
después murió en paz.

Abril puro, apasionado,
prohibido,
vergüenza de presentarme tan desnudo.
tan desvalido.
El pueblo está condenado
a cobijarse en el miedo pánico de ellos,
Qué se vayan!!!
gritan ferozmente.
Silencio, gritó la injusticia.
Entonces
todo se enmudeció,
esperando, sin saber que detrás
está el pus y la gangrena
que emana del suelo de «ellos»
y se ahogan lentamente.
¿qué es lo que hago?
Pienso en pasado, tristeza,
en presente, lágrimas y
en futuro, cementerio,
no será suficiente
para los inocentes asesinados.

Corazón sangriento que
escuchas mi silencio,
no comiences el amanecer
por el fusil tenebroso
que mata
a la inocencia encontrada
sin saber
que mañana el diluvio
divagará amorfo por el
universo manoseados por ellos,
ellos tienen la mente sucia
de alquitrán quemado.
No disparen!!!
que mi corazón
se va deteniendo, poco a poco
como débiles niños
buscando el tesoro de la muerte.

Pesadumbre de tango amargo que me enseñaste
la indiferencia vulgar de las máquinas calculadoras
que llevan en sí el signo pesos
y tus ojos humedecidos miran
dejando pasar el ruido y el silencio
de las expresiones, ajenas a sus sentires
que te invaden ferozmente,
frente a tu cabina cerebral que
se utiliza sólo en la tarea laboral
y después
comienzan las efusiones sensoriales
que gobiernan tu ser.
Flujo y reflujo del tiempo
entre las miradas del que te circunda
y aplaca tus emociones. Te contraes contra tu cama,
tu alma se desgarra con olor a jazmín
como en el cementerio,
donde las viudas con consuelo desfachatados,
lloran el lamento.
Comienzas en cuento,
no sirve la hipocresía y
escribes, con la sutileza de un te quiero enamorado entre
baldosas recomendadas
por el dos por cuatro de Discépolo,
que sigue sin contestar,
las respuestas de una ventana

con rotos vidrios orquestados de monedas y cacerolas.
Te abruma el sonido
de una guitarra enfurecida,
que a lo lejos, se llena de Gardel
en un bandoneón malevo contra el farol
de una esquina cualquiera diciendo Piazzola
y te sigo queriendo,la voz más potente
se vuelve ternura con el fragor del champagne,
la Tana cantay sientes la vida correr por tu sangre.
Nuevamente cortas tus efusiones y
la cabina cerebral comienza a funcionar
para convertirse en una máquina cualquiera
como las ajenas.

El verano asoma acariciando un nuevo día,
Laura se desnuda sin prisas,
coge su bolso gris gastado
y corre el autobús,
que la lleva a esa playa
de caracolas y purpurina,
el eleva un mensaje, nadie la reconoce,
es la elegida, aunque el señor de traje azul
es la excepción,
Laura ya es su vida.

Laura come caracoles
en la puerta del océano
sin darse cuenta
que su vestido desgarrado
deja pasar al sol enloquecido
que quema su espalda.
Creyó caerse
como un gran cisne
con plumaje prestado
del pavo real de una esquina cortada
por la risa abrumadora del verano.
Pasó la tarde
sin dejar de mirar el azul
y pensó:
Qué rara sensación tiene el día?
Mas se calló la luz, sin retorno,
salió, caminó hasta el fondo del mar
y se dejó vencer
en la oscuridad de la luna.

Imágenes
existentes en nuestro caminar
entra la enloquecida máquina
y esa careta nos permite ser
señoras y señores
ante un mundo tan irreal,
tan prohibido,
tanta sociedad
tan ética
que jode nuestra esencia, de ser nosotros mismos
sobre todas las cosas,
trascendiendo nuestra existencia
a pasos agigantados
con barro y estiércol.
Qué gastada estás!!!
sólo nos ves personas cuando somos iguales al otro,
a ese hombre de traje y corbata
que se levanta por las mañanas,
desayuna café express, lee el periódico
(las páginas del fútbol y la cotización del dólar)
se ducha con rapidez,
afeita su triste tez,
comienza a vestirse,
saluda a su mujer
con la misma rutina de siempre,
cierra la puerta

como todos los días
y sin perder un minuto de más
toma el subte de Lacroze.
Qué podrido está, no sé cómo frenarlo,
no puedo comprender este lugar,
aunque lo amo.
Esta es mi ciudad, mi gente, la adoro
con todas sus virtudes y sus defectos.
También yo me pongo la careta
como tú, como él
mas muy pocos,
concientizamos esa máscara,
sólo nos la ponemos en el día
y a la noche
abrimos los ojos hacia adentro
y las sensaciones reprimidas
salen en vuelo,
para demostrar que
el ser uno mismo
no modifica la mente,
aunque la máscara pese mil kilos,
no dejarás de ser
hasta la hora de la muerte.

Acaso mi ser está rompiendo las cadenas
de este naufragio?
Si,
estoy amando sin mañana,
sólo amo con ansias enajenadas
de dibujos destruidos y
letras inconclusas.
Sentada mirando al sol,
vi pasar a la gente
con la tristeza
de haber muerto en un socabón.
Barrancas, estabas fría,
no existía ya la cálida expresión de un niño
extendiendo la mano, esperando el encuentro.
No había la pureza de otro tiempo
sólo represión y hastío.
Todo prohibido, nada rogado,
el guarda de la plaza hasta le corto
los deseos a un niño que
quería correr por la pendiente,
para palpar con su cuerpo el verdadero césped.
Te estás gastando,
Buenos Aires, queda tu esencia,
las palomas pidiendo pan
mas tu existencia
está vacía.

Presencia es tu ausencia...

Amanezco cada día, buscando tus suaves manos
Y no te encuentro.
Y en la ausencia,
te veo ahí, de pie, observando,
Como dibujado
En todos los puntos de la pared,
Y no te respiro
Y en la inmensa tristeza
Que me invade,
Espero tu amanecer
En la entrada de mi ser...
Caigo lentamente hasta tocarte,
Recorriéndome el cuerpo con la tibieza de tu piel,
Llegó el fin del encuentro,
desaparece la imagen...
Inmóvil, estoy aquí exalando un murmuroso suspiro
Con sabor a tus mielosos labios.
Siento vacío, el descompuesto reloj,
Y necesitarte,
Es un abrazo completo
a escondidas, gritando silenciosamente
tu ausencia es ser uno,
Te amo, es lo que siento.

A veces...

A veces las persianas se cierran,
Con el viento frío
De una esquina
Que cambia de nombre.
Las luces se encienden
Aunque
son de una ciudad diferente
Y
Da miedo.
Lo no cotidiano
Abruma de novedad,
Da pavura
Y comienza
el asombro,
y la aventura
principia
la mañana temprana
y observa
un cielo que
no es el tuyo,
Buenos Aires...
Quiero contarte que...
me invade una inmensa angustia,
los amaneceres son con aroma a mar

y a un cielo
que no me pertenecen,
mas me he repuesto a la distancia
en un juego de lágrimas y risa
mas el olvido es impensable.
Las raíces esenciales me seguirán a cada paso,
notablemente
son las notas de un tango, de la palabra incorrecta,
del mirar inquieto,
de callejuelas estrechas con confines infinitos,
No sé, es un sentir, cada caricia, cada beso,
con la nostalgia de un te amo enamorado,
y aquí, tan lejos,
con los bolsillos repletos de sensaciones
y situaciones pasadas, algunas,
sangrando todavía.
Todavía te estoy sintiendo, el recuerdo surge
en mi memoria, como si hubiera sido ayer
que me encontraba entre tus brazos,
mi alma llora...
Mi hoy es muy distinto, nuevo, tranquilo,
hasta feliz por momentos, con tu ausencia,
tocándome los talones.

La blandura
de mi corazón
desgarra
mi cuerpo,
y brota el agua
mojando mi ser
por completo,
desnuda
pasados gozos
apasionándome,
el vuelo de mi alma
que no deja,
no quiere,
ama sin límites
con caracolas fluorescentes
que murmuran
silenciosas
el lamento
de una partida
con un retórico retorno.

Con el aliento fresco de una madrugada diferente,
Descubro que
estamos amando,
el encuentro asistemático
Que un día, sin saberlo,
Comenzamos a estar,
El miedo conmovió
temporalmente,
Nuestras emociones,
Temerosamente
Caminamos por dentro
De nosotros, intentando,
A cada paso,
Conocer el significado de los sentires,
Resolver el significado del riesgo,
Sintiendo cada palabra,
Para traducirlas en el sentimiento exacto
Que nos embriaga.
No se como nos ocurrió, ni me importa,
Solo somos felices
Y
Disfrutar es lo que toca.

Cuando anochece, en este intento de amor,
La luz plateada nos acerca
A la estrella más fría y nos cuenta,
Una historia para dos…
En este intento de ser feliz,
Con la confusión lógica
Del miedo
A la entrega desmedida,
Sentimos nuestro ser estallar,
Se volatilizan
Los sentimientos, las palabras,las caricias…
En este intento de amor
Todo se transforma en ilusiones compartidas,
Besos que aún se pueden tocar,
Y pensamientos transmitidos
Por el fondo de las miradas,
En este intento de crecer
El viento nos mueve los obstáculos,
Nos despeja el silencio
Apareciendo el levante cósmico,
De un mundo pleno de color
Que nos ofrece la oportunidad de
Copernizar nuestros corazones a tal punto,
Que nos traduce lo insólito,
En una pasión incuestionable
Y nos invita
A un mañana…

No pude evitarlo, me falló el corazón,
Estuve a punto de gritar tu nombre,
Hasta que me escucharas,
Aunque no estabas allí.
Te he puesto fuera de mi, en mi memoria estas,
Más
Noches como estas tu calor, tus caricias...
Desearía que estuvieras aquí, vibrando como ayer,
Siendo uno, amo tus mañanas,
Necesito tus «cuídate»,
Aunque no te acuerdes de quién soy, siénteme,
Juega con mi agreste melena
Y perfuma con rosas,
Te amo! Tanto pienso en tí,
Que me he olvidado de mí.
Volviendo en mí,
Vivo otra vez, puedo amar otra vez,
Y debo permitirmelo,
Tu sonrisa se va apagando
Y mi vida asoma
Con un sol brillante y audaz.
El adiós se atraganta aunque, queda después,
Nada.

Tu fragilidad de mujer alimenta mi esencia de hombre.

La vida me ha otorgado un regalo, una bocanada de
aire fresco que libera mi fuerza,
siento mi ser en un mar de mil colores, una alegría
para mis verdes ojos, un abrazo inmenso, una caricia
continuada, un beso...
Y cuando no estás aquí,
han quedado en mí,
esos ricos labios que me hacen soñar...
En un cosquilleo continuo de mariposas,
me recuerdan,
que sigues ahí,
suspiro del alma.

Al leer las cartas, los anhelos, las sensaciones,
la distancia,
se me humedecieron los ojos, la emoción
lleno mi esencia
para redescubrir la alegría con la que vivo,
palpito estos nuevos días.
El misterio, las escondidas, las travesuras de amor
son sabrosas, aunque el corazón se acelera más
que hace.

Hoy, día de mucho sol y mucho calor,
empañado por molestos rollos,
el cambio fue a peor,
la condición ha sido vulnerada
como ropa vieja,
estirada, manchada.
Ya es imposible,
tiempos temporalizados,
espacios empequeñecidos,
aires contaminados,
mañanas impuestas, difícil comenzar,
aún sabiendo que decae
mi pecho,
la fuerza interrumpida,
sólo deseo que la oscura noche
me envuelva hacia el próximo intento,
mañana...

Este cielo ya está abierto,
el diáfano sol escribe siluetas de colores,
alrededor de nosotros.
Se dulcifican, a cada minuto,
mientras el caer del atardecer,
se asoma.
Se mueven nuestras almas,
en un mismo viento cálido,
invadiendo las agitadas aguas,
en un despertar mañana.

Estoy un poco alterada, el pulso se acelera,
quiero que la llave abra repentinamente la puerta
y estemos entrelazados...

Me es difícil vivir mis sentimientos,
esa desenfrenada pasión
que excita,
es el elixir completo,
mañana cristalina,
con sabor a dos,
inespacial y atemporal,
los potentes acordes van saciando esa sed…
Es cierto, sólo es esto,
el miedo acobarda, el entorno aleja,
las palabras se desmoronan, el muro se agiganta,
y nosotros,
haciéndonos pequeños
en un abrir y cerrar los verdes campos,
Esas perfectas curvas alinean
una suave vista.

Mirar por la ventana, ese hueco
que invita al sol,
que disfraza con un tierno cosquilleo
vibrando todo mi ser,
confeccionando un raro aire
de frío y calor,
de dulce y hiel,
Misterio?

Cielo, transparencia otoñal
de sabor mediterráneo,
perfumando el instante etéreo
de una noche estrellada
que expande a cada paso
un resplandor eléctrico...
Si alguna vez, hubiera imaginado
el inmenso jardín
que he descubierto,
habría negado su existencia,
su aroma de rosas,
describe mi interior,
en ligeras líneas
sin errar
su contorno;
me invita con una seducción
impecable,
me hace transparente,
irresistible,
me desnuda
y hoy,
soy.

He descubierto que no sólo
la luz me encandila,
que tú silencio me trasciende,
aunque no pueda tocarte,
ni oír
tu respiración agitada
de ese beso furtivo.
He descubierto que
el viento indiscreto,
ma ha regalado
tu ritmo inquietante y mudo
con esas bonitas
flores amarillas
que
en este instante
cubren mis ojos
para reconocer
tu imagen,
entre los rincones
que me parecen eternos.
He descubierto que
la despedida fue blancamente
cristalizada

con un sinfín
de
otoñales hojas
que danzaban el adiós
incondicional
y paciente.

Es posible...
¡Cuánto deseo dejamos sin cubrir
por el no arriesgar
ni un solo átomo de nosotros mismos!
Las formuladas preguntas
se desdoblan en blancos jinetes
paisajeando el verde pradera,
no responden
sólo pasan indiferentes
del gozo.
Nos negamos
disfrutar
el ofrecimiento de la vida
que es hoy,
sin tardanza,
y no sospechamos
ni siquiera
que mañana es distinto
y no podemos volver atrás,
ya ha pasado,
perdiéndonos
un poquito de vida
sin vivirla,

y lo hacemos cotidianamente,
sin darnos cuenta
que al final del camino,
hemos dejado
de ser nosotros mismos.
Por el no arriesgar a vivir
del goce de las pequeñas delicias,
que ciegos, llegamos sin ellas,
por temor a...

Un lugar, un tiempo próspero,
una salida,
la luz se aproxima
pausadamente.
El miedo me asfixia,
me hunde
aunque
me anima
a seguir la línea encendida
hacia allí.
Extraña sensación
me envuelven
mente y corazón,
uniendo,
tentando la respuesta
como una adolescente
frente al primer amor.
La distancia.

Crece con el
suave calor,
sin importar
la imagen.
El cambio será
bienvenido
y
el ser enriquecido
brillará…
Por siempre.
Se puede, es inevitable,
aunque lo intente, está allí,
crece, crece,
se oculta y
vuelve.

La noche se solidifica
cuando dormimos juntos,
como cuento de amor.
El cielo riega una sonrisa,
con el canto de una luna imperfecta,
una baile de luminarias,
mientras,
la pasión salvaje
fluye
sin detenerse.
Te echo de más,
cuando desnuda por la oscuridad,
acaricio mi piel serena,
esperando que la salida del alba
se de prisa,
y
escucha el perfume de esa voz
que enciende mis días.

A veces el sufrido pasado nos acobarda,
nos detiene,
nos vigila,
por temor al desengaño postrero.
El presente nos invita,
una vez más,
a disfrutar de un amor
que huele a fragancias compartidas.
Podemos decir todo
lo que nos apetezca
hasta las palabras más trilladas.
Todo es valioso
en un sentimiento
que va diagramando
el ritmo exacto
para nuestro tiempo,
Hoy, nos abriga,
mañana, nos espera
con el sol deslizante,
sorprendiéndonos, dulcemente
en un abrazo.

Estamos aquí,
mirándonos
a través de la luna
que nos canta una nana
con los violines brillantes
que
recorren el firmamento,
para dormimos,
en nuestra cama
repleta de amor.
Te amo.
Es la única frase
que pronunciamos sin respiro,
en el suspiro de una agitada noche
que nos acurruca.

Si el tiempo fuera un retornar
hacia adelante,
no dudes ni un segundo
que cambiamos nuestro estar,
esperar en un ceda el paso,
es el hoy,
repleto de sol, de lunas,
de abrazos, de caricias,
de tí y de mí.
Nuestro ahora es
ese rayo de luz
que
nos iluminará mañana
y
nos mantendrá encendido el candil
para el próximo encuentro,
no muy lejano.
El universo cargará nuestro equipaje
hasta la siguiente estación.
Somos tan egoístas e impacientes
que el presente
nos es pequeño

y
anhelamos tanto
que
la razón se coperniza,
nos enjaula,
unidos,
escapando uno del otro
sin ver
que
tú estás en mí y yo en tí.

Todo me insta a pensar
en la fragilidad de mi ser,
aunque
no puedo rectificar el camino correcto,
para concretar en acto
la libertad potencial,
que esencialmente
me han concebido.
La fuerza interior se funde en oro y bronce,
sin moldear imagen alguna,
rozo
el goce de ser libre,
mas
el exterior se dependiza,
se condiciona a...
Ya sé,
debo revelarme y en el mismo
instante que rompo una pared
se construye otra
y así sucesivamente.
Me dispongo a la espera,
¿Es beneficioso para mí?
Conscientemente, no,
aunque socialmente,
es indispensable.

Mi descendencia es mi fuerza,
mi presente,
mi futuro, mi alma,
¿Hasta cuándo podré?
Soportar esa máscara que pesa,
cada día más y más.
No lo sé. Y después podré llegar
a...
mi existencia individual.
Mañana estaré aquí
y eso, hoy por hoy,
Es así.

Si las luces, como cristales azules
se fundieran en el sendero libre
de un ser, aún desconocido,
no me negaré
a la voz onírica de mi sueño.
Las manos temblorosas se aseguran
lentamente,
su asirse sin palanque,
es terrible,
que su cabeza se niegue
a aceptar
esa realidad circundante
y no asuma
que va contrariamente
a los sentimientos,
inmersos en un ser
inmutable,
quieto e inquieto
que hiere y me motiva
a provocar
lo que no quiero.

Me atrae lo prohibido,
me apasiona el cambio,
mas el miedo me paraliza,
me ciega
y ahí es donde desfallezco y…
Pillada.
Amo y no amo, me ama y no me ama
y como Neruda,
puedo escribir los versos más tristes
esta noche…
Y no me consuela.

Si digo blanco, dices negro

Es difícil comprender, hasta dónde llega un ser
con su mente,
el hoy es mañana
y
mañana es ayer.
Todo compagina en una ideada estructura
que sólo es desarrollada
por quien conoce tu corazón.
Si contestas, negarás
categóricamente,
e involucrarás
a la mera materia
como problema primordial
y
lo utilizarás como escudo
hasta que te sirva.

Luego, tus deseos no soportarán
y tocarás, lo que te apetece,
aunque esta vez,
ni una gota de amor,
llegarás a disfrutar.

Tu blanco y negro, indeciso, ambiguo
está fracturando ese veraz sentir,
que hasta hace un tiempo existió.
Hoy, es otro momento,
las ofensas, las injurias, las mentiras
han hecho profundas heridas
en mi corazón,
difícil de cicatrizar
y creo que la imposibilidad
es real y tú tienes razón,
he perdido el camino, la huella alada
se ha esfumado, los pies han cambiado de rumbo,
los pájaros acunan mi alma
con su dulce canto.

Una historia diferente
Ella dibujaba la mañana con la tibieza del sol
cosquilleando en su nariz;
expiraba cada movimiento
en un te quiero silencioso
que esperaba gritar, en un instante,
cuando la imagen se mostraba
contorneada en la pared
como un film asepiado
de Chaplin,
no discernía,
observaba cada detalle,
cada gesto,
cada sensación,
sólo ella descubría
el desdoblarse de ese hombre distinto, ambiguo,
medio amando, medio odiando,
rodeaba su cintura,
sus manos se unían
en el engranaje exacto de sus pieles.
Ellos cerraron sus mentes y
salieron, como un torrentes sentimientos, palabras,
fuegos, reproches, caricias,
blancos, negros,

todo fue bello mientras duró,
y se iba diluyendo
lentamente, ese hombre de sonrisa diferente,
que se sumergía
por un pequeño agujero de la pared,
con un abrir y cerrar de ojos.
Ella se despertó,
miró la pared,
se acarició la piel
y el sudor era tibio.
Así supo que había amado
y
las lágrimas mojaron su almohada.

Algunas veces, siento que mi garganta se cierra,
se ciñe,
se amorata mi ser,
y al siguiente instante,
respiro naturalmente.
La inconstancia psíquica me trastorna,
a tal punto,
que me impide visualizar
lo que quiero.
Ciertamente,
sé que espero el retorno
des otoñal tiempo
en que juntos,
nos hacíamos el amor
en el fondo de los ojos,
y el sol brillaba,
en esa tibias noches.
Ciertamente,
ya eres solo, un bello recuerdo,
quizás, mi más reciente amor,
será por ello que te pienso.
Extraño tus palabras desalineadas,
tus tímidas manos
intentando
esa caricia completa, plena
y un te amo tembloroso...
Ciertamente,
algunas veces, se cierra mi garganta.

Siento al sol tocándome los pies,
se desliza con dulce roce,
por mi agitado ser;
te encuentro ahí,
en todos los puntos de la pared,
estás aquí.
Las miradas se fusionan ávidamente,
con un sinfín de colores,
las pupilas se dilatan
y el corazón acelera su ritmo
mas el muro de cristal deviene,
todo desaparece,
los sentidos se perplejan,
el miedo remueve lo anterior,
y acobarda.
Reaparece la figura alada sobre el mar
y la luna invita
a ser uno
hasta que el lucero
inunde el nuevo día.

La felicidad es posible

Nos preguntamos muchas veces,
¿existe ser feliz?
Y nos enmudecemos por temor al riesgo,
al perder esa ínfima ilusión de ser
nosotros,
mientras
la hipocresía intenta aplarcarnos,
sin reparos, ni pudor.
Nuestra mente nos gobierna, nos mantiene alerta
de cualquier engaño,
aunque
las emociones fluyen,
sin que nuestra razón pueda frenarlas;
nos quitamos las máscaras,
el alivio nos perpleja
con esa chispa feliz,
que compartimos sin límites,
ni frontera posible;
que nos transporta
a una dimensión desconocida,
de una agreste superficie,
limpia, natural,

donde todo es todo,
se enmagican los cuerpos,
con olor a trigo
y
la naturaleza, más pura
de nuestra esencia
se pone de pie,
ante tal asombro
en este mundo vacío, explosivo
que mata la más mínima tentativa
de crecer.
La felicidad es es posible,
por instantes,
ni tiempo, ni espacio,
deambulando aladamente
por un etéreo sendero
de ser,
ser feliz es posible,
sólo es cuestión
de intentarlo.

Cuando el sol se oculta,
en el ocaso estrellado
de tus pupilas,
siento las caricias
rozando mi espalda.
Esa enérgica conexión
queda el olor a hierba
flotando en el aura,
construyendo
un extenso sitio de verduras,
volatilizando en jazmines y rosas
el entorno;
el eco de conocidas melodías,
completando
plenamente
la oscuridad transparente,
esbozando sueños de mil colores,
extender la mano,
sabiendo que estamos aquí,
oliendo el sudor perfumado
que tiene
un todavía posible.
Mañana será otro día más,
la página ya es distinta,
aunque aún tiene
nuestro nombre
inscrito
en el aire de los tiempos.

Invítame a conocer
tu pequeño iris,
para ver
lo que ves
dentro del círculo azul,
las fluorescentes luces
rebotan
en la cuerda infinita
que conectan tu pensar,
descubriendo,
a cada paso,
las huecas callejuelas
que adornan la historia.

Existencia transitoria, cruel, peligrosa
en un resplandor eléctrico
expande
coloreando los análogos caminos
que devienen
entre la unión y el destierro
sin pedir permiso.
Llegar al fondo,
es tan difícil
como mantener agua en los dedos.
Nos conocemos,
nos descubrimos a cada soplo,
siendo el mar del olvido
el que resurge
sin prisas,
sin detenerse
y
paradójicamente
se funde todo
en una nada,
en un no ser inexplicable,
que es inexorable
ante los sentidos.

Mientras,
la mente conflictuada
desenreda
el nudo del ser
que explota
e hipotéticamente reflexiona hasta que...
toda la terrenal vida
que nos ocupa.
Somos inconformistas,
tendemos a un conocimiento absoluto
del interior y del exterior
no escepticista
que acaba siendo nuestra cotidiana labor,
ya que
somos racionalmente egoístas
con nosotros mismos.

Me confundes.
Me haces volar
el pasado, el presente
se lían
como una madeja
suave, blanca,
tú, el mago de mi emoción,
me abres el horizonte,
ilumina la senda.
Olvido mi rutina,
tiempos desencontrados,
tiempos fugaces,
goce sabroso, es lo que vale.

Las luces se quedan emergentes,
el silencio se rompe,
son las tres y cuarto de la madrugada,
viajeros dispersos,
esperando el despegue.
Me activo a delinear
que por primera vez,
las dulces letras
se anclan, en un vuelo largo.
Galletas, té son el alivio
sobre este inmenso azul.
Un perfumado aroma,
un fresco aire,
el amor hace todo posible,
todo se hace posible con amor.

Vuelo Palma - Zürich

Tranquila espero la partida,
deseo que se haga corto,
la espera para verte,
es una locura,
es mi gran anhelo.
Esperar a un encuentro
encontrado.

Diecisiete años después...

somos dos extraños,
hemos construido nuestras vidas
y apareces de la nada,
un fantasma pidiendo ayuda,
me vuelvo un nuevo rescate,
que disfrutarás
con otros,
mientras tanto,
se cayó mi estantería,
haciendo brotar
ese poderoso amor,
qué dormía,
¿Qué hacemos ahora?
Me manipulas, lo permito,
el viaje se hace
eterno,
vuelvo en pocos días,
siento un remolino de sensaciones
y
todavía
seguimos siendo dos extraños.

Hacía mucho que no expresaba
mis letras sobre un papel,
liberando ese nudo
que callé.
Respiro libremente,
he curado
ese sentimiento que
intacto,
se había quedado ahí.

Cuántas preguntas,
sin respuestas,
tantas emociones
sin interrogantes ?
Ser la cúspide
de una pirámide
inesperadamente
esperada.
Difícil colocar
las grandes estanterías
que minan
mi alma.
Me ahoga,
empequeñecen mis verdes luces
ante un gris vacío,
contener,
ser contenido
en un claro mensaje
de amor profundo
llene mi ánima.
Me has dejado abierta
tantas puertas,
las oxidadas llaves
huelen
a frescos jazmines,

¿Por dónde empiezo?
Siento que se abrieron
los empolvados recuerdos,
los imposibles deseos,
las voces, las letras,
la poesía.

Mañana tibia,
de estival porteño,
con la mirada puesta
en el puro fluir,
perfumando
sentires añejos, nuevos,
palabras sin escucha,
casas inconclusas,
sueños reencontrados,
canciones prohibidas,
de masa fina
con azúcar y canela.

Se astillan cristales,
con ligereza
se recomponen.
Se visualizan luces.
Sobrevuelo,
emito bostezos,
inicio la mañana.
Estás ahí,
siento esos miedos,
esos temblores,
nuestros ojos,
derriban
el hielo caliente,
explotamos
en coloridos átomos,
todo en un intenso azul
con miel y especias,
mientras
el sol deslizante,
solemnemente
nos saluda.
Un sueño inesperado,
donde el placer
y
el displacer consciente
me embarga en un tango.

¿Qué sucede con mi alma,
se ilumina?
Cuando la suave brisa
roza mis sentidos,
se agudiza
su vista,
en la dirección exacta.
Una delicioso aroma a fresas
describe
este te amo
en todas las esbeltas figuras,
volando sin miedo,
dibujando,
desdibujando.
Caen las gotas de humedad
sobre la tierra,
imposible
frenar al cuerpo
que se mueve
de un lado a otro.

Cualquier pequeña incidencia,
dura dos días,
se hace eterno,
La virtud es paciencia,
se va convirtiendo
en un arte.
Más allá de la lógica,
se invierte
la gran realidad,
se apodera
de cada palabra, cada gesto, cada instante,
el surrealismo se manifiesta,
sin dudar ni un segundo,
como una verdad absoluta.
Sé que permanecer,
es la meta,
allí estoy.
Puedo imaginar mil situaciones,
mil historietas
aunque
la realidad supera la ficción.
¿Entonces?...

Llueve,
caen, constantes,
unas suaves gotas
con una tronada melodía,
diciendo
un hasta pronto,
velando ese poderoso sentir,
que deseo proteger.
Encuentro,ese desencuentro,
en un pequeño dolor
que ahoga,
aunque respiro con todo el ser,
deseando volver, tierra querida.
Donde danzamos,
mientras la rosada piel
eriza de pasión.
El placer tocando sus últimas notas,
irme, volver es mi anhelo,
dejar, una y otra vez,
esos momentos
donde la garganta silenciosa
grita de amor,
grita,
descorriendo la vida que he soñado
y marchar sin más.

¡Qué triste palpitar!
La boca seca,
la piel gélida
cuando el cielo llora sin cesar,
las letras se agitan
con perfumado jacarandá
que colorea,
detrás de los cristales.

Llueve, llueve copiosamente,
el calor se revuelve,
humeante,
lucha, combate, se desata,
el cielo suena,
una luz ilumina el gris intenso,
ahí, aquí,
detrás del agua,
observando las calles
inundadas
de emociones,
sentimientos encontrados,
palabras cruzadas,
prolongados silencios.
El verde luce,
quizás, a lo mejor, todavía...
La vida sigue,
coches que pasan
bañando,
sin cesar las aceras.
Tú allí, y
yo aquí
intentando
llevar este momento,
sólo esperas,
invalida, retiene.

Muevo cada segundo,
como una máquina a tiempo,
Vuelvo enseguida,
recuerdo, lleno,
el karma revive.
Resolver, decidir, sumar,
cuesta aceptar,
se hace inmensa y minúscula,
hasta gigante y diminuta.
Deseo la línea,
el cielo responde, brama.

Por qué,
el por qué se rasga,
sin audaces palabras,
se desprende.

Luces que suenan,
rumbeando la tristeza,
danzando el
miedo escénico
que infiltra el abandono
de ese sentir vivido.

Ahora,
estar con ese miedo
que a la mente
altera,
como una invisible onda.
Surgen lágrimas añejas
espontáneamente,
que duelen en el corazón.
Vencer al miedo.
¿Cómo?
Estando dentro.
La fortaleza va saliendo,
va bien,
poco a poco,
el amor crece,
una bola de fuego inmensa,
la diosa
que empodera,
abraza, el calor nutre...
Es la mejor opción.

Embriagada de esas sensaciones pasadas,
muy pasadas,
que fueron entrañables,
rozando
el permanente placer,
qué anhelos,
se realizan en el
ahora efímero,
tiempo a tiempo, con
telarañas, blancas paredes
entre caras y colores
desconocidos,
con joven belleza,
plenitud fresca.

Un azulado mar confundido
con el horizonte
se aleja y se acerca.
La numeración de la distancia
asusta,
aunque huele,
siguen los números.
La contenida alegría
se goza
instante tras instante,
sin contemplar,
fluir
con perfume francés,
desprendiendo
ritmos y espacios.
Comerse los subtítulos,
hacer una pausa
envolviendo
cada detalle rico
y volver a volar.

El regalo,
el ahora, el instante
donde
se despilfarran
en ese bello vuelo de
aves blancas,
en ese danzante
devenir,
agitando
cada milímetro
con elegancia
majestuosa,
sus imponentes brazos.
Unas migas de pan
flotan
por el azul cielo
y desaparecen,
todo fluye,
en esa silenciosa brisa.

Se esconde bajo la sombra,
esboza el talento,
entre humo y embriaguez,
así transcurren los días.
Trabajo duro y pasión
ocultando el amor,
quemando las pestañas.
Sigue por el incierto sendero,
esconde bajo la piel,
desnuda los silencios,
y
despliega las alas blancas.

El corazón presagia,
el inmenso amor,
con minutos impecables,
calentando la espalda,
el mar de fondo,
con el rumor
inundando el espíritu.

La fuerza se acumula
en pequeños brotes,
con las luminarias.
Abren el tiempo a tiempo...
con el humor plateado
en el azul,
titila sin cesar,
siendo sólo números,
que traducen
en la bella luz,
posada en el beso del cristal.

Tiernas caricias
que perfuman
la estremecida piel,
metamorfoseando
donde el duende
deja de ser,
mientras
modula cada paso,
uno a uno,
en la garganta
saborea
con explosivos gemidos,
¡Cuánta pasión!
multiplicando los pequeños brotes.
Así se cierran, sin más,
uno a uno.
¿Cómo lo haces?
Cabalga el feliz sentir,
que vuelve a ese inicio.

Añoranza de la mañana soleada,
donde el agua
murmura al oído,
con el caliente
y
embriagador sudor
uniendo en el beso
que aún,
tiene eco
en el silencio
de caricias que fueron
en el fugaz minuto
que fuimos.

Día soleado
de azúcar y café,
simplemente,
delicias turquesas,
quizás,
segundos etéreos,
donde el beso fluido
regocija
la sudada piel;
goza
de abrazos olientes,
sin mirar atrás,
viendo el silencioso grito
de un amor aparcado,
con todo por
descubrir,
anclado
en un sinfín
de colosales sueños,
irrepetibles,
únicos azules cielos,
con la fuerza acumulada
en ese cajón,
fluyendo
con ese rico erotismo
inolvidable, irreproducible.

Ante tanta incredulidad compartida,
se plasma,
en una seguidilla de emociones,
inquietando
como en el bello libro,
cuidando cada detalle,
incorporando
imágenes que brotan, crecen, gozan...
Crea un cosmos
que cuesta sostener.

Tanto y tan poco.
Muchísimo y nada.
Calor y frío.
Luna y nieve.
Nubes y sol,
así como
una inmensidad
y
un punto,
espacio color y sin color.
¿Cuán fácil se contemplan
las gozosas sonrisas
que se enredan
En el ovillo de
bellas luminarias?
¿Cuán difícil es
la catarsis del
«Hasta pronto»
sin saber la deseada vuelta?
Cuántos interrogantes dudosos…

Una inseguridad
amarillea
el papel húmedo
y salado
donde se confecciona
infinito,
en el pedacito del tic tac,
el grito ensordecedor,
sigue ahí, silencioso,
el sueño parisino...

¿Cómo decir lo que siento,
las sensaciones que quedaron
sin digerir?
Tiempo a tiempo...
¿ Cómo expresar el único amor
que hasta hoy,
estaba oculto,
gritando al unísono
en el silencio gris?
Sin respuesta conocida,
para que soltar palabras incorrectas,
en este tiempo inadecuado.
El olor de fresias,
que conocen los suspiros,
embriaga el amor
sin amar.
Luchar, en el campo de girasoles,
abierto de par en par
y escondidos.
Hasta que la parca llegue...

Sitio alborotado, pleno de aromas
conocidos,
de inmensidad,
cual campo de lavanda,
Sabe, desde el principio,
una sonriente brisa
humeando,
en el cosquilleo
exacto del profundo amor,
con el temor de decir desdiciendo,
vibrando
con el alma temblorosa,
¡Cuánta moralidad en desuso!
risas cómplices
que cuestionan
la misma mirada,
de verbo en verbo,
aman,
fin del día aquí.

Empoderar mi poderosa
elección,
aún cuando
sea
incomprendida,
aún sabiendo
del descalabro, asusta.
Feliz, una felicidad deseada,
con añejos alaridos
silenciados, con
enmudecidos gritos,
dentro de grises y amarillas décadas,
dejar atrás,
siguiendo con la cálida sonrisa,
hacia adelante,
en esa decisión compartida.
Bella realidad,
aunque siga siendo
un deseo.

En las primeras chispas,
el alba
construye
una anaranjada danza
sin cesar,
unos rojizos dorados,
para elevarse,
ligeramente,
mientras
se cierran
y se abren,
al son,
de su esplendor,
el amanecer continúa...

Las palabras
se evaporan.
Los silencios
se imponen.
Las respiraciones
se disuelven.
Las caricias
se esfuman...
¿Y
tú y yo?

Viaje largo,
cuando me he desperezado,
faltaba una hora
para aterrizar,
hacía mucho tiempo
que el trayecto
se sentía más corto.

Gélido invierno,
Salió fuera
esa angustia profunda,
acumulada
en la oscura mochila,
desenmascarando
todos los temblores,
en un eléctrico cielo,
con gritos de dolor,
inmerso en una soledad silenciosa,
voladora.
El diluvio, rozando los helados dedos,
con saborizadas dudas :
La indecisión.
En el presente,
se puede entrever
la luz,
poco a poco,
me guía...

Una palabra,
una simple palabra,
bastaría,
todo lo dubitado,
se borraría,
deshojando ese instante.
Allí,
estamos aquí y allá,
a lo lejos,
a lo próximo,
en este rompecabezas,
mientras
se florece esa rosa,
en la bici rosa...

Lidiar, por esos balcones
borrachos de alegría,
sin saber,
perderme dentro
de ese insólito latir,
es cierto,
duermo entre tus brazos cálidos,
en estas horas frías,
donde lo deseado
se hace rogar.
Despunta el día,
nueva energía,
la plateada noche,
ha dejado
un mensaje:
¡A vivir!

Obnubila
la pasión soñada,
dejando a cada paso,
un soleado
guiño a la vida,
amamantando ese deseo,
si,
ese tan difícil y tan posible.
¡Estamos vivos!